Es geschah auch kein Unfug…

Für meine Geschwisterbande
und meine lieben Eltern

1. Auflage 2024
© 2024 Klett Kinderbuch, Leipzig
Alle Rechte vorbehalten
Text, Illustrationen und Layout: Daniela Kulot
Umschlaggestaltung: Florian v. Wissel unter Verwendung von
Illustrationen von Daniela Kulot
Herstellung und Satz: Florian v. Wissel, hoop-de-la, Köln
Druck und Bindung: Livonia Print, Riga
Printed in Latvia
ISBN 978-3-95470-297-8
www.klett-kinderbuch.de

Daniela Kulot

Es geschah auch kein Unfug …

Drei Familiengeschichten

Wir Kinder von früher

Als die Schildkröte Gertrud fast wieder lebendig wurde

Menschen sterben, Tiere sterben.
Das ist ganz normal.
Das gehört zum Leben dazu.
Aber diesmal hat es die Schildkröte im Kindergarten erwischt.
Über Nacht.
Das Kindergartenfräulein, so nannte man sie damals, hatte wie jeden Morgen nach ihr gesehen, um sie zu füttern. Aber die Schildkröte kam nicht raus aus ihrem Panzer. Da half kein Rufen und kein Klopfen. Sie blieb einfach drin. Nichts rührte sich mehr.
Ja, sie war tot.

„Mausetot", wie mein Bruder sagte.

„Was ist denn mausetot?", fragte ich.

„Da ist man so tot, dass man nicht mal mehr in den Himmel kommt", meinte er.

Und wenn er das sagte, dann war das so, und das galt dann wohl auch für die Schildkröte.

Nun wollten wir Kindergartenkinder natürlich wissen, warum die Schildkröte gestorben ist.

„Sie war schon alt", sagte Fräulein Christine. So hieß die Kindergärtnerin nämlich.

„Wahrscheinlich ist sie eingeschlafen und nicht mehr aufgewacht."

Ja, so wird es wohl gewesen sein. Einige Kinder weinten ein bisschen.

Ich nicht.

Ich fand, die Schildkröte sah immer noch wunderschön aus, und irgendwie sah sie eigentlich auch gar nicht tot aus. Nur so, als ob sie schlafen würde.

Die Schildkröte blieb in ihrem Kistchen, und wir durften uns einen ganzen Tag lang von ihr verabschieden. Morgen sollte sie dann im Garten feierlich beerdigt werden.

Und tatsächlich: Als wir am nächsten Morgen im Kindergarten ankamen, hatte Fräulein Christine schon ganz hinten am Gartenzaun unter dem Johannisbeerstrauch mit dem Spaten ein Loch ausgehoben. Na ja, ausgehoben, das klingt so bombastisch. Es war nur ein kleines Loch. So groß eben, dass ein Schuhkarton gut reinpasste.

Und wie das bei Beerdigungen oft so ist, regnete es an diesem Tag in Strömen. Irgendwie ist das ja auch gerecht. Der Himmel weint, und wir weinten auch. Sogar mir liefen ein paar Tränen über die Wangen, aber das sah man nicht, eben weil es regnete.

So trugen wir gemeinsam das Kistchen mit der toten Schildkröte vom Kindergartenzimmer hinaus in den Garten. Genau genommen nicht wir. Schorsch und Reini durften sie tragen. Das waren nämlich die „bösen Buben" (damals gab es das Wort „verhaltensauffällig" noch nicht). Wenn die beiden eine wichtige Aufgabe zu erledigen hatten, dann hatte Fräulein Christine sie besser unter Kontrolle. Das vermutete ich.

Anders war das nicht zu erklären, warum die zwei immer die tollsten Sachen machen durften.

Nun zogen wir gemeinsam zum Loch. Also zum Grab.
Ganz vorne Schorsch und Reini mit der toten Schildkröte im Kistchen, dann Fräulein Christine und dann wir.
Na ja, und wegen des Regens war das Ganze eine recht matschige Angelegenheit. Das Loch hatte sich schon mit Wasser gefüllt. Als Schorsch und Reini die Schildkröte reinlegten, schwamm das Kistchen sogar ein bisschen.

Fräulein Christine schaufelte die Grube schnell wieder zu, so dass ein kleiner Hügel entstand. Nun blieben wir noch ein

Weilchen andächtig stehen. Wir sangen ein Lied, und ich glaube, wir beteten sogar. Ganz genau weiß ich das nicht mehr. Aber wahrscheinlich schon. In Bayern wird an allen Ecken und Enden gebetet, und in so einem Fall, Beerdigung, sowieso.

Dann durften wir im Garten ein paar Blümchen pflücken, eben solche, die zu dieser spätherbstlichen Jahreszeit noch zu finden waren. Zumeist waren das etwas verkümmerte Gänseblümchen, die sich noch mühsam durch den Herbst gequält hatten und die nun Platz auf dem Grabhügel fanden. Ein kleines kreuzförmiges Schild wurde oben aufgesteckt. Darauf stand der Name der Schildkröte. Gertrud hieß sie.

Mein Bruder sollte mich heute abholen. Er war ein bisschen älter als ich und ging schon zur Schule. Deswegen wusste er auch ein bisschen mehr als ich.

Er wusste zum Beispiel, dass eine Schildkröte, wenn man sie beerdigt, irgendwann zerfällt. Dass aber der Panzer, der sie umhüllt, bestehen bleibt. Wie ein Knochen, nur außen.

Das erzählte er mir gleich nach der Beerdigung auf dem Nachhauseweg. Vielleicht dachte er, er kann mich damit trösten. Dabei war ich ja gar nicht so traurig. Schließlich war die Schildkröte alt gewesen, und irgendwann stirbt man eben.

So schlenderten wir nachdenklich dahin. Ich hatte den Eindruck, dass im Kopf meines Bruders etwas gärte. Dass da womöglich ein Plan am Reifen war. Da hatte er nämlich immer diesen Blick. Diesen Blick in die Ferne, der trotzdem an nichts haften blieb.

Hm. Ich fragte sicherheitshalber nicht nach, denn er hatte schon immer sehr viel Unfug im Kopf, und heute, am Tag der Beerdigung der Schildkröte Gertrud, war es besser, keinen Unfug zu machen.

Und es geschah auch kein Unfug.

Nicht beim Abendessen, nicht in der Nacht und auch nicht am nächsten Tag. Es geschah überhaupt kein Unfug.

Erst mal.

Apropos Nachhauseweg. Unser Weg zum Kindergarten führte über eine Kuhwiese. Das war natürlich die Abkürzung. Der richtige Weg, die Straße entlang und durch die Bauernhöfe, war uns zu weit.

Kühe hatten zu dieser Zeit noch richtig lange Hörner. Heutzutage werden den meisten Kühen die Hörner abgesägt, um gegenseitige Verletzungen zu vermeiden, wie es heißt.
Trotz der langen Hörner hatten wir keine Angst vor den Kühen. Es waren ja unsere Nachbarskühe, und wir kannten einige sogar beim Namen. Susi, Heidi und Brigitte und so.
Und wenn eine Kuh mal wirklich wild wurde und auf einen zugaloppierte, musste man sich ihr entgegenstellen, die Arme weit ausbreiten und ganz laut „hoooooh" schreien. Das funktionierte immer. Dann bog die Kuh rechtzeitig ab und beruhigte sich wieder. So hat es uns der Sepp beigebracht, unser Nachbarsbauer.

Einmal war ich beim Überklettern des Zauns mit dem Schienbein am Stacheldraht hängengeblieben.
Raaaatsch!
Ausgerechnet der „böse" Reini war angerannt gekommen und hatte mich aus der üblen Lage befreit. Meine Strumpfhose hing noch an den Stahlspitzen des Stacheldrahts fest. Ich spürte das Blut am Schienbein entlangrinnen, aber zufälligerweise hatte ich eine rote Strumpfhose an, so dass man nichts sah. Ich ließ mir keinen Schmerz anmerken. Ja, ich war hart im Nehmen.
Reini zog damals ganz vorsichtig an meinem Bein, und schließlich gab die Strumpfhose nach, und ich war raus. Puh, war ich dem Reini dankbar. Das habe ich ihm nie vergessen, dem „bösen" Reini.
Die Narbe, die davon übrigblieb, sieht man übrigens heute noch. Ich bin nach wie vor ein bisschen stolz darauf, denn jede Narbe erzählt etwas Aufregendes aus deinem Leben. Und sieht außerdem echt lässig aus.

Aber zurück zur Schildkröte, beziehungsweise zurück zu dem, was nach der Beerdigung der Schildkröte geschah.

Mein Bruder und ich schliefen in einem Zimmer. Wir hatten noch ein paar andere Geschwister, nämlich genau drei, also insgesamt waren wir fünf Kinder, aber die spielen für diese Geschichte erst mal keine Rolle, weil das die Geschichte von meinem Bruder und mir ist.
Wir hatten ein Stockbett. Mein Bruder schlief oben, ich schlief unten.
Zwei Tage, nachdem die Schildkröte gestorben war, geschah etwas.

Mitten in der Nacht tauchte vom oberen Bett der Kopf meines Bruders auf. Ich konnte das sehen, weil immer Licht durch das Riffelglas der Tür schien. Er zupfte an meiner Decke, aber ich war schon wach. Ich hatte immer schon einen leichten Schlaf. Man weiß ja nie …
„Hey Baby", ja, so nennt er mich noch heute, „hör mal. Mir ist was eingefallen. Ich hab ne Idee."
Sofort war ich hellwach. Also noch wacher, als ich sowieso schon war.

„Ich will den Schildkrötenpanzer haben!", sagte er.
Ich sagte nichts.
„Aber da brauche ich jemand, der Wache steht!"
Langsam ahnte ich, was er vorhatte.
„Pass auf", sagte er, „wir gehen abends, wenn es dunkel ist, an das Grab und buddeln sie aus. Und dann buddeln wir sie woanders wieder ein. Irgendwann haben die Würmer den Leib aufgefressen und dann ist nur noch der astreine Panzer da. Und den holen wir uns dann raus. Ja?"
„Wow, krass!", würde man heute sagen. Aber ich sagte nur: „Au Backe!"
Ja, tatsächlich, ich war sehr beeindruckt von dem Plan.
„Klar schieb ich Wache!", sagte ich.

Am darauffolgenden Morgen standen im Kindergarten alle Kinder bereits am Grab und gedachten der Schildkröte Gertrud. Hier und da war ein leises Schluchzen zu hören.
„Auweia", dachte ich, „wenn die wüssten ..."

★

Dann kam der Abend, an dem wir unseren Plan umsetzten. Im Haus war es ruhig geworden. Die Eltern saßen noch im Wohnzimmer und machten irgendwas. Was genau, weiß ich nicht. Es war mir immer ein Rätsel, was Erwachsene machen, wenn die Kinder scheinbar schlafen. Einen Fernseher hatten wir damals auf jeden Fall noch nicht.

Woffe, mein Bruder, zupfte an meiner Bettdecke.
„Baby, es geht los!"
Wir zogen uns eilig an. Dann öffneten wir fast geräuschlos das Fenster und sprangen raus auf die Terrasse.

Noch mal kurz horchen. Nichts. Niemand hat etwas bemerkt.
„Da, nimm den Eimer!", sagte Woffe, „ich nehme die Taschenlampe und die Schaufel."
Er hatte schon am Nachmittag heimlich alles unter dem Wachholderstrauch deponiert.
Es war eine mondlose Nacht. Stockfinster. Nur das Licht aus dem Wohnzimmerfenster erhellte noch ein Stück des Gartens. Dahinter war es schwarz.
Wir nahmen den Zaun. Das bedeutet, wir kletterten darüber. Das Gartentürchen hätte zu stark gequietscht und uns gleich verraten.
Und da standen wir nun auf der Straße und sahen: nichts. Es war so dunkel, dass wir keinen Schritt vor den anderen setzen konnten, ohne Gefahr zu laufen, über irgendwas zu stolpern und uns mächtig die Birne anzuhauen oder Schlimmeres.

Woffe knipste die Taschenlampe an.
„Stopp!", zischte ich, „da sieht man uns doch gleich!"
„Wer soll uns denn sehen? Ist doch niemand da", flüsterte er.
Aber er knipste die Lampe doch gleich wieder aus, „denn eigentlich hast du recht", gab er zu. So ein einsames Licht einer Taschenlampe mitten in der Dunkelheit war doch sofort verdächtig, wenn es jemand sah.

„Wir müssen ein bisschen warten, die Augen gewöhnen sich an die Dunkelheit", sprach er dann gleich ganz klug auf. Tatsächlich. Nach einer Weile zeichnete sich der Zaun der Kuhwiese ab, über den wir klettern mussten.
Erstaunlich ist das schon, dass im Universum immer noch irgendwo ein Restlicht vorhanden ist, so dass wir auch nachts ein wenig sehen können.

Wie wir dann über den Stacheldrahtzaun auf der einen Seite, die Kuhwiese und den Stacheldrahtzaun auf der anderen Seite gekommen sind, frage nicht. Wir haben es auf jeden Fall geschafft, ohne uns irgendwelche Schienbeine oder Klamotten aufzureißen, ohne in einen Kuhpflatscher, also das, was hinten aus der Kuh rauskommt, zu treten und tatsächlich, ohne allzu schmutzig zu werden. Das wäre nämlich auch verräterisch gewesen.

Das Gartentürchen des Kindergartens war natürlich verschlossen. Aber kein Problem. Wir schwangen uns ja auch sonst darüber, wenn es offen war, einfach weil es Spaß machte und seeehr lässig aussah. Tür auf, Tür zu kann ja jeder.

Okay. Jetzt ging es aber daran, im Dunkeln das Grab der Schildkröte zu finden.

Und wie es der Zufall wollte, klarte in diesem Moment der Himmel auf. Der Mond kam zum Vorschein, und für einen ganz kurzen Augenblick war das weiße Schildchen auf dem kleinen Grabhügel von Gertrud zu sehen. Das war ein Zeichen! Ein gutes Zeichen: Der Mond wies uns den Weg.
Hier also lag sie. Die Schildkröte Gertrud. Unter dem Grabhügel. Kalt und tot.

Doch bevor sich trübsinnige Gedanken einnisten konnten, sagte Woffe: „Auf geht's!" Und das hörte sich gut an. So, als ob man eine Sandburg bauen wollte, nur eben andersrum. Woffe nahm die Schaufel, also das Schäufelchen, aus dem Eimer und grub los.

„Jetzt mach endlich die Taschenlampe an", brummte er, „hier hinten im Garten sieht uns wirklich niemand."

„Ja", sagte ich. Und mit dem kleinen Lichtkegel in dieser tiefen Dunkelheit wurde mir gleich etwas ruhiger ums Herz.

Schon nach ein paar Schaufelhieben hörte man einen hohlen Schlag. Wir waren wohl auf das Kistchen gestoßen. Woffe schob mit der Hand noch ein wenig Erde beiseite und da war er: der Grabkarton von Gertrud.

Allerdings nur der Deckel. Der Rest des Kartons hatte sich durch die Nässe inzwischen fast aufgelöst.

Und da war Woffe eben Woffe. Obwohl wir beide nicht wussten, was wir jetzt gleich zu sehen kriegen, hob er, ohne auch nur eine Sekunde zu zögern, den Deckel an.
Und das, was wir zu sehen bekamen, war: Gertrud. Klar. Sie lag da in der Erde und sah immer noch aus, als ob sie schlafen würde. Das redete ich mir zumindest ein. Denn genau genommen waren die Löcher, also das, wo normalerweise der Kopf und die vier Beine rausschauten, vollgestopft mit Erde. Und ehrlich gesagt, sah sie überhaupt nicht aus, als ob sie schlafen würde. Nein. Überhaupt nicht. Aber diese Vorstellung war mir einfach lieber. Ja, schon.

Woffe dagegen wollte es ganz genau wissen. Er nahm die Taschenlampe und sah sich den Panzer von allen Seiten an, drehte und wendete ihn und leuchtete tief und lange in die Löcher. Wie so ein Professor, oder so.

„Das entwickelt sich gut", sagte er.

„Bald kommen die Würmer, und dann ist der Panzer leer."

Er legte die Schildkröte behutsam in den Eimer.

„Weißt du was?" Er sah mich an. „Wir verstecken die Schildkröte heute Nacht erst mal. Ich weiß schon wo. Es ist zu dunkel, um sie neu zu begraben. Das machen wir morgen."

„Ja", sagte ich und war darüber gar nicht unfroh. Die dunkle Nacht und die tote Schildkröte legten sich allmählich über mein Gemüt. Woffe nahm mir den Eimer mit der Schildkröte aus der Hand und gab mir die Taschenlampe und die Schaufel. Er merkte schon, dass ich nicht mehr ganz sooo euphorisch war.

Den Weg zurück nahmen wir diesmal durchs Dorf. Hinter dem Hühnerstall vom Bauern März war ein großer alter Holunderstrauch und daneben ein fetter Stein. Wir stellten den Eimer genau dazwischen, so dass man ihn im Vorbeigehen auf keinen Fall sehen konnte. Außerdem kam dort eh niemand vorbei.

In der Nacht träumte ich Mords-Dinge. Die Schildkröte war zu einem riesigen Monster aufgebläht, sie schwebte über meinem Bett und sah mich mit ihren alten Augen an. Sie wollte mir etwas sagen. Sie klappte das Maul auf und zu, aber es kam nichts heraus. Heftig atmend wachte ich auf.

Der nächste Tag war ein Samstag. Das weiß ich noch genau, denn an Samstagen sind Eltern immer sehr beschäftigt mit Einkaufen fürs Wochenende und so. Das war für uns natürlich die optimale Voraussetzung, um unser Vorhaben weiter zu führen. Wir waren quasi unbeaufsichtigt. Sturmfreie Bude nennt man das.
Mein nächtlicher Traum hatte sich inzwischen fast in Nichts aufgelöst. Sowas macht die Sonne am Morgen. Dafür ist sie da. Sie saugt die Sorgen der Nacht einfach auf, wie ein Putzlumpen, den man über eine Schmutzlache legt.
„Auf geht's", sagte Woffe schon wieder. Ich mag das. Das gibt so viel Kraft und Mut.

Die Geschwister waren beschäftigt. Die Eltern beim Einkaufen. Der Nachbarsbauer war mit dem Bulldog auf den Feldern, die Nachbarsbäuerin mit den Hühnern beschäftigt. Die Dorfleute waren auch unterwegs oder mit dem Auto zugange. Auto waschen – das machten sie gerne am Samstag. Dazu das Autoradio volle Lautstärke aufdrehen. Bayern 1, Schlagerhitparade. Also beste Voraussetzungen für unser Vorhaben. Keiner würde uns beachten. Und eigentlich gab es ja nicht viel zu tun. Wir mussten nur Gertrud neu begraben.

Am Holunderstrauch neben dem Stein war alles in Ordnung.
Der Eimer stand genauso da, wie wir ihn gestern abgestellt
hatten. Und auch Gertrud war noch drin.
Ich sah mir das nicht so genau an.
„Alles okay!", sagte Woffe. Und das reichte völlig aus, um mich
zu beruhigen.
„Pass auf, ich hebe jetzt den Stein an, und du legst die Schildkröte darunter, dann Stein wieder drauf und fertig."
Klang einfach. War es aber nicht.
Der Stein war viel zu schwer, um ihn alleine hochzuheben.
Und zu zweit schafften wir es auch nicht.
Aber Woffe, klug und weise, wusste, was zu tun ist.
„Jetzt braucht es einen Hebel", sagte er. Und sogar ich wusste,
was das hieß. Das hatten wir von unserem Opa gelernt:
„Wenn die Kraft nicht reicht, Hebel ansetzen. Kraft übertragen,
Hebelkraft nutzen!"
Wir nahmen also einen der Zaunpfähle, die hinter dem
Hühnerstall überall rumstanden, stocherten die Spitze
unter den Stein, und mit vereinter Kraft hebelten wir den
Stein hoch und kippten ihn um.
Puuuh, das hatte geklappt. Danke, Opa!

HEBELKRAFT

An der Stelle, wo der Stein gelegen hatte, wimmelte es von Würmern und sonstigem winzigen Getier.
„Gut so!", sagte Woffe. „Das sind die, die uns helfen werden."
Uuuuh, das wollte ich mir gar nicht so genau vorstellen. Deshalb griff ich gleich zur Schaufel und hub ein Loch in der Erde aus. Woffe legte Gertrud rein. Passte exakt.
Und mit genau der gleichen Methode hebelten wir den Stein wieder zurück. Es machte schon einen Mords-„Pfomb", als der Stein an die Stelle zurückfiel.
Ich meinte sogar ein Knacken zu hören. Aber nein. Das bildete ich mir sicher ein. Das war nicht Gertruds Panzer. Nein.

Nun kam die lange Zeit
des Wartens.
Wie lange braucht es, bis so ein Panzer von
Würmern leer gefressen ist?
Heutzutage würde man im Internet nachsehen.
Aber das gab es damals nicht. Fragen konnten wir
auch keinen, denn das wäre zu verdächtig gewesen.
Drei Wochen? Ein halbes Jahr? Zwei Jahre? Keine Ahnung.
„Wir lassen das mal auf uns zukommen", meinte Woffe.
Und das klang gut so.
Die Tage vergingen, die Wochen, und auch die Monate.
Der Winter kam und ging. Das Frühjahr war in vollen Zügen
im Anmarsch. Die Erde löste sich vom Eis und wurde wieder
weich.
„Jetzt ist die Zeit reif!", meinte Woffe, und er klang schon wieder
ein bisschen wie ein Professor.
Für mich war unser Plan über die lange Zeit hinweg fast in
Vergessenheit geraten. Und am liebsten wäre es mir ehrlich
gesagt gewesen, wir hätten ihn ganz vergessen.
Aber Woffe war da gnadenlos. Er vergaß nichts.
Nachdem sich der Samstag für so eine Aktion bereits bewährt

hatte, wählten wir wieder den Samstag für unsere große Tat aus. Jetzt wollten wir den Schatz heben und einen wunderschönen Schildkrötenpanzer bergen.

Das war mehr als ein Piratenschatz.

Das war einfach die Wucht!

„Was wollen wir denn eigentlich machen mit dem Panzer?", fragte ich.

„Wir legen ihn in einem Kistchen unters Bett und holen ihn ab und zu raus und sehen ihn uns an", sagte Woffe.

„Und dann könnten wir ja auch ein bisschen Schmuck, oder sowas reinlegen", meinte ich.

„Nein, auf gar keinen Fall!", sagte Woffe, „der Panzer muss so bleiben, wie er ist. Da darf nichts dazu."

Da war er wieder ganz Woffe. Derart bestimmt und sicher, dass eine Diskussion darüber völlig ausgeschlossen war. Und das war schon richtig so.

Okay. Jetzt aber Gummistiefel an und los. Woffe hatte irgendwo ein Holzkistchen aufgetrieben und mit Zeitungspapier ausgelegt. Da sollte der Panzer rein. Und sogar an Gummihandschuhe hatte er gedacht. Die lagen bei uns massenweise in der Besenkammer.

Dann standen wir also vor dem Stein. Ich hatte wahnsinniges Herzklopfen. Woffe auch, glaube ich. Das merkte man immer daran, dass er noch bestimmter und noch professoriger wurde. Und dann nur noch Befehle:
„Zaunpfahl her! Hebel ansetzen! Anpacken! Stemmen!"
Hauuuuu-Ruck! Der Stein ging hoch und „Pfomb!" – fiel nach hinten.
Vor uns lag die weiche, nasse Erde, massenweise Krabbeltiere, aber sonst war nichts zu sehen.

„Gummihandschuhe an! Graben!", kam der Befehl.

Okay. Also zog ich die Gummihandschuhe an. Sehr langsam. Ich stellte mich absichtlich ein bisschen dumm an, damit es länger dauerte und Woffe als Erster zu graben begann.

Und so war es auch. Während ich noch versuchte, meine zehn Finger in die viel zu großen Gummihandschuhe einzusortieren, war Woffe schon dabei, die Erde wegzuschieben.

„Hey, da ist was!", rief er. Und tatsächlich. In der Grube war etwas Gelb-Schwarzes zu erkennen.

Eindeutig, das war der Panzer.

Aber jetzt zögerte auch Woffe. Was mag da wohl gleich zu sehen sein?

Er drehte sich zu mir um. Unsicherer Blick.

Und da übernahm ich das Kommando.

„Weitergraben!", rief ich.

Woffe schob immer mehr Erde beiseite, und schon zeichnete sich deutlich die ovale Form des gelb-schwarzen Panzers ab. Er war etwas mit Erde beschmiert, aber sonst völlig intakt. Unglaublich! Unser Plan, einen astreinen Panzer zu heben, schien aufzugehen.

Gestärkt von diesem Anblick griff Woffe mit beiden Händen in die Grube und wuchtete den Panzer heraus.

„Sie lebt!", rief ich.

Doch dann erstarrte mein Blick.

Und der von Woffe auch.

„Igitt!", schrie er und ließ den Panzer zurück in die Grube fallen. Er packte mich an der Hand und riss mich fort, und wir rannten und rannten und rannten, über die Wiese, über die Straße, in den Garten bis zum Wachholderstrauch. Dort ließen wir uns fallen.

Völlig außer Atem sahen wir uns an. Und vor lauter Schreck und Horror fingen wir an zu lachen. Erst leise, dann immer lauter.

„Was ist so lustig?", fragte unsere Mutter, die gerade vom Einkaufen wieder zurückgekommen war.

„Nichts, nichts", sagte Woffe.

Da Mama solche Lachanfälle von uns kannte, ging sie schulterzuckend zurück ins Haus.

„Mannoman", sagte Woffe, „ich hätte nicht gedacht, dass die Würmer so lange brauchen."

„Die waren ja noch voll am Fressen", sagte ich.

Und schon wieder bekamen wir einen Lachanfall.

Erwachsene würden sagen, das ist eine Übersprungshandlung. Also, wenn man etwas erlebt hat, das man nicht wahrhaben will, und dann etwas völlig anderes, sogar Widersinniges macht. Genau genommen hätten wir zittern und weinen müssen. Stattdessen lachten wir, was das Zeug hielt. Man überspringt also gleich das ungute Gefühl und macht was anderes. Eine Übersprungshandlung also.

Das hat der Körper schon ganz gut eingerichtet. Man würde sonst vieles nicht gut ertragen.

Und dann war Woffe ganz Woffe. Bestimmt und tatkräftig.

„Wir müssen den Stein wieder zurückhebeln. Das können wir nicht so lassen."

„Nein, das können wir Gertrud nicht antun", sagte ich.

Also machten wir uns noch mal auf den Weg, zurück zum Stein, zur Grube und zum Panzer.

Der Rest ging dann ganz schnell.

Wie wir den Stein zurückhebeln mussten, wussten wir ja. Wir versuchten, den Blick in die Grube zu vermeiden, und das gelang auch ganz gut. Alles war wieder wie vorher. Nur, dass wir ein Bild im Kopf hatten, das wir nicht mehr so leicht loswurden.

Diese Geschichte hat mich lange beschäftigt. Es blieb das Gefühl zurück, etwas Unrechtes getan zu haben, vor allem bei der Vorstellung, dass all die Kinder trauernd am Grab standen, in dem keine Schildkröte mehr lag. Das kam mir fast ein bisschen wie Schändung vor. Sowohl der Schildkröte gegenüber, als auch den Kindern.
Und dann diese Würmer: als ob sie uns verhöhnen wollten.

Erst viel später, da war ich schon ungefähr zehn Jahre alt, habe ich das jemandem erzählt.
In unserem Dorf gab es eine Bundeswehrkaserne, und damit auch viele Soldaten. Einer davon fiel mir auf dem Weg zum Dorffest auf, weil er so traurig aussah. Ich ging einfach eine Weile neben ihm her. Irgendwann fragte er mich etwas genervt: „Was willst du?".

Ich fragte ihn, warum er so traurig sei.
Er sah mich nur mit einem Blick an, der besagte, das kann ich dir nicht erzählen.
„Und du? Was ist mit dir los?"

Und dann erzählte ich ihm die ganze Geschichte.
Die Geschichte von der toten Schildkröte, dass wir sie wieder ausgegraben haben, und von den Kindern, die ahnungslos um das Grab standen. Und von den Würmern. Er setzte sich auf einen Baumstumpf am Wegrand und sah mich lange nachdenklich an.

„Ja", sagte er, „sowas ist nicht gut. Aber das kann man jetzt nicht mehr rückgängig machen. Es ist bereits geschehen. Die Folgen von so etwas muss man sich vorher überlegen." Er kaufte mir eine Zuckerwatte auf dem Dorffest und ging. Ich habe ihn nie wieder gesehen.

Vielleicht hat jeder irgendwo im Herzen so ein bedrückendes Geheimnis. Dann ist es gut, wenn man die richtige Person findet, der man das erzählen kann. Bei mir war diese Person der Soldat. Irgendwie war mir danach leichter ums Herz.

Mit meinem Bruder habe ich nie mehr darüber gesprochen.
Erst jetzt, 50 Jahre später.
Ich rief ihn neulich an.
„Hey, Baby, was gibt's?", begrüßte er mich.
„Sag mal, kannst du dich noch an die Sache mit der Schildkröte erinnern?", fragte ich ihn.
„Ist doch nicht wahr! Du weißt das auch noch?", antwortete er.
Wir telefonierten an diesem Abend sehr lange und stellten fest, dass unsere Erinnerungen fast deckungsgleich waren. Dass die Zeit, die inzwischen verstrichen war, die Erinnerung nicht verfälscht hatte. Und auch er hatte lange Zeit ein schlechtes Gewissen.

Nun, es ist eine kleine Geschichte aus der Kindheit, die trotzdem Spuren hinterlassen hat. Ähnlich wie die Narbe an meinem Schienbein.
Nur dass ich darauf nicht stolz war. Zumindest nicht sehr.

Wackel und ich und das Ende der Welt

Dass die Erde eine Kugel ist, weiß jedes Kind.
Das haben Menschen schon vor ewigen Zeiten nachgewiesen, und heute, mit den „technischen Errungenschaften", wie unsere Eltern das nannten, ist es eh klar.
Gar keine Frage.
Trotzdem konnte ich mir das nicht recht vorstellen.
Da fällt man doch runter auf der anderen Seite.
Erdanziehung. Schon klar. Das heißt, die Erde hat im Inneren eine Kraft und zieht alles an sich ran. Deshalb fällt die Tasse runter und nicht rauf. Und wir Menschen bleiben deshalb am Boden und schweben nicht darüber. Auch die in Australien nicht.
Aber mich würde die Erdanziehung nicht halten. Da war ich mir sicher. Ich würde auf der Unterseite der Erde runterfallen und irgendwo im Universum auf Nimmerwiedersehen in der Ewigkeit verschwinden. Ganz bestimmt. Ja. So würde es sein.

„Vielleicht ist die Erde ja doch nicht rund", meinte Wackel, meine Zwillingsschwester.

Wir sind Zwillinge. Aber sehr verschieden. Wir waren bei der Geburt aufs Gramm gleich schwer, wie unsere Mutter immer wieder erzählte, aber schon sieben Tage später wog Wackel deutlich mehr als ich, und vier Jahre später war sie einen halben Kopf größer als ich.
So war das eben. Mir machte das nichts aus, denn Kleinsein hat auch Riesenvorteile. Zum Beispiel, wenn man durch eine enge Luke im Hühnerstall kriechen will und dabei nicht stecken bleibt. Aber das ist schon wieder eine andere Geschichte.

„Nein", sagte ich, „vielleicht ist die Erde gar keine Kugel, sondern nur eine Platte, von der man am Rand runterspringen kann. Dann kann man das nämlich selbst entscheiden, ob man im Universum verschwindet oder nicht."
„Ja", sagte Wackel, „so könnte es sein."

„Ja", sagte auch Woffe, der mitgehört hatte, „das klingt viel logischer."

„Aber so ist es nicht", ergänzte er, „das wissen wir alle ganz genau. Die Erde ist eine Kugel", und er rückte seinen Stuhl am Küchentisch, um den wir saßen, zurecht, um seiner Aussage noch mehr Ausdruck zu verleihen.

Hm. Ich gab mich damit nicht zufrieden. Und Wackel auch nicht, wie ich an ihrem Blick erkennen konnte.

Woffe war ja unser großer Bruder. Er wusste immer sehr viel mehr als wir. „Da machen zweieinhalb Jahre viel aus", wie unser Vater immer sagte.

Trotzdem, an dieser Stelle hatte ich meine Zweifel. Die behielt ich aber erst mal für mich.

★

Und dann war da wieder einer dieser Samstage. Ihr wisst schon, Samstag, der Tag, an dem Erwachsene Dinge tun, die man als Kind nicht verstehen muss.
Auto waschen, zum Beispiel. Oder Großeinkauf machen in der Stadt und so. Okay, das verstehe ich ja. Dinge auf jeden Fall, die garantierten, dass Erwachsene beschäftigt waren und nicht auf ihre Kinder achteten.

Und es war einer dieser Samstage, an dem die Sonne unbarmherzig schien. Der Himmel war wolkenlos und wahnsinnig blau. Es war noch zu frisch, um ins Freibad zu gehen, aber warm genug, um den ganzen Tag draußen zu sein.
Frühsommer eben.
Ich setzte mich mitten im Garten ins Gras.
Man hörte das Kettenklappern aus dem Kuhstall
   von nebenan. Das friedliche Schnauben der Kühe und
      das unbeschreibliche Geräusch des ewigen
         Wiederkäuens der Kuhmäuler.
          Am Himmel zog eine Transall der Bundes-
         wehr rauschend vorüber und warf mit einem
        flapp, flapp, flapp, flapp eine Perlenkette
       von graugrünen Fallschirmspringern
      aus ihrem Leib.

Irgendwo ein Autoradio.
Bayern 1, Landfunk.
Die Bienen summten.
Die Hühner des Nachbarn gackerten vor sich hin.

Alles Geräusche, die etwas Merkwürdiges in mir auslösten.
Ich hätte das mit meinen gerade mal vier Jahren so nicht
ausdrücken können, aber so fühlte es sich an: tiefe Trübnis.
Und das Gefühl von nie mehr endender Langeweile.
Nicht mal das aufheulende Motorgeräusch eines Nachbarn,
der sein Auto reparierte, half dagegen.
Da saß ich also im Gras und war mir sicher, dass ich diese
Samstagsgeräusche für immer ertragen müsste. Lähmung.
Stillstand.

Und dann kam Wackel angehüpft. Auf einem Bein. Mit ihrer weißen Strumpfhose und dem roten Lederträgerkleidchen. Also nicht Leder. Plastik eigentlich. Aber hübsch. Mit weißem Pulli darunter. Ich hatte das gleiche. Mama hat es genäht. Allerdings zog ich lieber die Latzhose von Woffe an. War mir zwar viel zu groß, aber eben auch hübsch.
„Kästchenhüpfen!", rief Wackel. Daher übrigens auch ihr Name. Weil sie schon als ganz Kleine immer und überall rumhüpfte, auch auf einem Bein, manchmal halt noch ein bisschen wackelig, aber umgefallen ist sie nie.

Und in null Komma nix war meine
Langeweile weg. Ja, Kästchenhüpfen,
das mochte ich gern.
Auf dem Teerplatz vor der Garage waren
die Linien, die wir vor ein paar Tagen mit Kreide aufgezeichnet
hatten, noch zu sehen. Also ging es gleich los.

Aber: Wie so oft, hatte Wackel vergessen, ihre Schuhe anzuziehen, und dadurch war ich natürlich mächtig im Vorteil. Ich gewann gleich das erste Hüpfen und Wackel war sauer. Richtig sauer. Das mit dem Verlieren beim Spiel war nicht so ihr Ding. Und deshalb war es auch gleich wieder vorbei mit dem Kästchenhüpfen.
Da saßen wir also beide im Gras. Mit schlechter Laune. Sehr schlechter Laune. Blick Richtung Horizont. Also bis zum Ende halt. Soweit man eben sehen konnte.
„Weißt du eigentlich, was hinter den großen Bäumen ist? Was kommt da als Nächstes?", fragte Wackel und riss mich aus meinen trübsinnigen Gedanken.
„Weiß ich nicht", brummte ich „vielleicht das Ende der Welt."
„Das Ende der Welt?", fragte Wackel, „also das, wo die Kante ist, von der man runter hüpfen kann?"
„Ja, vielleicht", sagte ich.
„Wir können ja mal hingehen und nachsehen", meinte Wackel,

„ist ja nicht so weit."

„Ja, können wir machen. Aber zieh dir Schuhe an!", sagte ich. Wackel kam ganz schnell mit ihren roten Schnallenschuhen zurück. Ich hatte meine gelb-weißen Sandalen an. Die waren perfekt, weil sie so gut lüfteten.

Wir nahmen uns bei der Hand, für den Fall, dass die Kante schon bald kommen würde, und damit nicht eine von uns beiden aus Versehen runterfällt, wenn wir dranstanden. Sicher ist sicher.

Gartentürchen also auf, hinaus auf die Straße, die Straße entlang, durch den Hof vom Bauern März, zum Kindergarten, am Kindergarten vorbei.

Auf einmal blieb Wackel stehen.

„Hätten wir nicht Bescheid sagen sollen?"

Ich überlegte. „Nein, die hätten uns doch nie gehen lassen, wenn wir erzählt hätten, was wir vorhaben."

Mit „die" waren unsere ältesten Geschwister Lotto und Drea gemeint, die immer auf uns aufpassen sollten, wenn die Eltern nicht da waren. Ich sah an Wackels Gesicht, dass es ihr jetzt bereits ein bisschen mulmig wurde.

„Komm", sagte ich, „es ist doch gar nicht mehr weit. Da vorne sind schon die Bäume, und da müsste es sein."

Ein schmaler Feldweg führte hinter dem Kindergarten den Hügel hinauf. Der Weg war länger als gedacht. Wackel schnaubte schon etwas ungeduldig.

Und dann waren wir da. Bei den Bäumen.

Doch da war keine Kante. Nix. Gar nix.

Ganz im Gegenteil: Hinter den Bäumen breitete sich eine große Kuhwiese aus. Dahinter sah man ein paar Häuser und wieder Bäume.

Weit und breit keine Kante in Sicht.

„Vielleicht ist die Erde ja doch rund", meinte Wackel. Aber ich glaube, das sagte sie nur, weil sie nicht mehr nach der Kante suchen wollte.

Ich blieb standhaft. „Nein, da ist noch nix bewiesen. Wir müssen weiter."
Ich deutete mit dem Finger in die Ferne.
„Schau mal, hinter den Häusern, da ist doch ein Wald. Vielleicht ist die Kante ja auch dort drin, dass man sie nicht so leicht sieht und nicht jeder hinrennt."
Wackel blieb einfach sitzen. Wie ein Stein. Unverrückbar.
„Die Erde ist rund!", und davon ließ sie sich nicht mehr abbringen.
„Soll ich jetzt alleine weitergehen?" Langsam wurde ich sauer.
„Wir wollten doch ans Ende der Welt. Aber so wird das nix."
„Kannst ja schweben", sagte Wackel, „wenn die Erde eine Platte ist, gibt es nämlich keine Erdanziehung."
„Sowas Blödes hat ja noch nie jemand gesagt", schrie ich und stapfte alleine los. Durch die Wiese, auf die Häuser zu.

Es dauerte keine paar Sekunden, da hörte ich Wackel hinter mir, und kurze Zeit später nestelte sich ihre Hand wieder in meine.
Okay. So war das schon besser. So was Großes kann man nämlich nicht alleine machen. Die Sonne brannte auf uns runter. Weit und breit kein Baum, kein Schatten. Durst.
Und die Häuser und der Wald waren echt noch weit, weit weg.
Wir gingen und gingen und gingen …
Dann wurde aus dem Gehen ein Schlurfen, und dann blieben wir stehen.
Wackel ließ sich mitten ins Gras fallen und sagte: „Nimmer!"
Und das hieß nichts anderes als „ich kann nicht mehr."
Ich setzte mich zu ihr und nahm ihre Hand.

Da saßen wir im frühsommerlichen, grünen Gras. Ganz eng aneinander. Der Himmel leuchtete sehr blau. Aber über uns braute sich eine riesenschwarze Wolke zusammen. Nicht in Wirklichkeit. Aber so fühlte es sich im Herzen an. Was war ich froh, dass Wackel da war. Dass wir einander hatten. Wir zwei ganz allein in dieser Welt. Nicht mal das Ende, also die Kante, hatten wir gefunden.

Und uns würde auch niemand finden. Es wusste ja niemand, wo wir waren, und wir selbst wussten es auch nicht mehr. Es gab kein Zurück. Nein. Ausgeschlossen. Wie hätten wir denn so weit weg von zu Hause wieder zurückfinden sollen. Die Wolke über uns und in unseren Herzen wurde immer dunkler.
„Zwillinge!", hörten wir plötzlich eine Stimme. Ja, so wurden wir von den meisten Dorfleuten genannt, weil sie uns nicht auseinanderhalten konnten, obwohl wir doch so verschieden aussahen.
„Um Himmels willen! Was macht ihr zwei ganz allein so weit draußen?" Es war Frau Habersack, eine Frau aus dem Dorf. Die Oma von unserer Freundin Sabine.
Frau Habersack stellte ihr Fahrrad, das vollgehängt war mit Einkaufstaschen, ab und stürmte auf uns zu. Sie nahm uns beide ganz fest in ihre starken Arme und drückte uns an sich. Sie roch so gut. Nach Einkauf.
Und je mehr sie uns an sich drückte, umso mehr löste sich auch die schwarze Wolke über uns auf. Der Himmel wurde wieder blau und die Sonne strahlte.
„Kommt, wir fahren nach Hause!", und das klang gut. So gut.

Nun hatte ihr Fahrrad allerdings nur einen Kindersitz vorne am Lenkrad. Außerdem war alles voll mit ihren Einkaufstaschen. Aber Frau Habersack, ganz praktisch, wuchtete Wackel vorne in den Kindersitz, der eigentlich der Kindersitz von Sabine war, und packte ihr ein paar Tüten auf den Schoß. Ich wurde hinten auf den Gepäckträger gesetzt.

„Beine ganz weit weg von den Speichen strecken!", sagte sie, „sonst klemmst du dir die Füße ein."

Ja, das kannte ich schon, wenn ich bei Woffes Fahrrad auf dem Gepäckträger saß. Allerdings musste ich auch noch zwei Einkaufstaschen tragen UND mich gleichzeitig festhalten. Frau Habersack hängte sich die beiden letzten Taschen über die Schultern und los ging's.

Also ein bisschen schwierig war das alles schon.

Aber jetzt bloß nicht motzen. Wir konnten wirklich sehr, sehr glücklich sein, dass Frau Habersack uns gefunden hatte. Und das waren wir, das kannst du glauben.

Jetzt muss man sich vorstellen, wie das war, als wir zu Hause ankamen. Eine Frau auf einem Fahrrad mit zwei Kindern, eins vorne, eins hinten, und alle drei vollgepackt mit Einkaufstaschen.

Die Eltern waren inzwischen vom Großeinkauf in der Stadt zurück und fingen gerade an, uns zu vermissen. Und dann kam da dieses Gefährt an.

Das Entsetzen stand meiner Mutter geradezu ins Gesicht geschrieben. Sie lief uns mit erhobenen Armen entgegen. „Kinder", rief sie, „was ist denn hier los? Wo kommt ihr her? Wo wart ihr?"

Frau Habersack stieg vom Fahrrad ab, stellte das Fahrrad auf den Ständer und gemeinsam hoben Mama und Frau Habersack uns beide vom Fahrrad herunter.

Da standen wir also, Wackel und ich, wohlbehalten vor dem Gartentürchen und sahen uns an. Inzwischen war auch Papa angekommen. Und dann erzählten wir, dass wir ans Ende der Welt wollten und dass das hinter den Bäumen sei, und dass es doch nicht hinter den Bäumen war, und dass wir deswegen noch weiterlaufen mussten und immer weiter und immer weiter, und dass wir es einfach nicht gefunden haben, das Ende der Welt.

Und Frau Habersack berichtete, wie sie uns aufgesammelt hat, so weit draußen, außerhalb des Dorfes, und wie sie uns auf dem Fahrrad mitgenommen hat.

„Jetzt kommt erst mal alle rein, ich koche uns Kaffee", sagte Mutter, immer noch mit einer Spur Entsetzen und gleichzeitig Erleichterung in den Augen.

Wir saßen im Wohnzimmer um den niedrigen Tisch. Wackel, Mama und ich auf dem Sofa. Vor uns zwei Tassen Karokaffee, also Kinderkaffee. Dazu ein Hefezopf mit Butter und Honig, der eigentlich für den morgigen Sonntag gedacht war, der aber jetzt für diesen Anlass geopfert wurde.

Papa und Frau Habersack saßen uns gegenüber in den Sesseln. Die Erwachsenen tranken „echten Jacobs Kaffee", wie unsere Mutter gerne betonte. Das war der GUTE Kaffee, der nur zu besonderen Anlässen serviert wurde.

„Was hätte alles passieren können!", seufzte Mama.

Und alle dachten das Gleiche.

Nämlich an den „Bösen schwarzen Mann", der in dieser Zeit in der Gegend sein Unwesen trieb. So hieß es.

Damit war nicht Schwarz als Hautfarbe gemeint, sondern einer, der sehr dunkel gekleidet war, mit langem schwarzen Mantel, den Hut tief ins Gesicht gezogen, so dass man ihn nicht erkennen konnte. Jeder im Dorf hatte ihn angeblich schon mal irgendwo gesehen. Egal, ob tags oder nachts. Er hatte es vor allem auf Kinder abgesehen. Hieß es. (Ob daran wirklich was Wahres war, wurde nie aufgeklärt. Es gab polizeiliche Untersuchungen, die aber irgendwann eingestellt wurden, weil eine derartige Person nicht gefunden werden konnte).

Doch dann setzte unser Vater an: „Kinder, ich glaube, wir müssen einiges nachholen", und er nahm den Globus aus dem Regal.
„Ein Globus ist eine Weltkugel im Kleinformat. Man kann sie um die eigene Achse drehen. Das symbolisiert die Erddrehung. Du siehst darauf alle Länder und Meere dieser Erde. Und du siehst vor allem, wo oben und unten ist. Oben der Nordpol und unten der Südpol."

Wir fassten den Globus an und rollten ihn um die eigene Achse. Immer schneller, immer schneller. Das war eigentlich viel lustiger als eine umfassende Belehrung. Trotzdem hörten wir weiterhin zu.

„Oben am Nordpol wohnen die Eisbären, unten am Südpol die Pinguine", fuhr Vater fort und hielt den stark rotierenden Globus wieder an.

Und so erklärte er uns, dass die Erde eine Kugel ist, von der aber trotzdem niemand runterfällt, weil es die Erdanziehungskraft gibt, die alles an sich zieht. Und diese Kraft gibt es nur, weil die Erde eine Kugel ist und sich um die eigene Achse dreht. Wir werden von ihr wie ein Magnet angezogen und deshalb immer am Boden gehalten.

„Oder habt ihr schon Eisbären und Pinguine fliegen gesehen?", fragte er.

Nein, hatte ich nicht. Ich hatte noch nicht mal am Boden stehende Eisbären und Pinguine gesehen. Und außerdem, irgendwie, ich weiß nicht. So richtig überzeugte mich das alles nicht.
Und das merkte mein Vater.

Weil wir in Bayern wohnten, waren wir ganz nahe an den Bergen. An den Alpen.
Und die sind seeehr hoch. Wirklich. Das sagt sogar der Reinhold Messner. Berühmtester Bergsteiger der Welt. Also der, der immer im Himalaya-Gebirge herumklettert. Weißt schon.
Und hin und wieder kam es vor, dass unsere gesamte Familie raufging, auf so einen Alpenberg.
Aber eigentlich wollten das nur unsere Eltern. Wir Kinder wollten das nicht.
Warum denn rauf auf den Berg, nur um ein Picknick zu machen, wenn man hinterher gleich wieder runterläuft. Das war so anstrengend und umständlich, fand ich. Das musste doch nicht sein. Man kann doch den Berg weglassen, und einfach NUR Picknick machen, fand ich.
„Doch, das musste sein", meinten sowohl Mama als auch Papa.

„Ich werde euch nämlich etwas zeigen", sagte Vater.
Na ja, was sollte das denn schon sein? Ein paar Alpenveilchen vielleicht, oder Enziane. Oder Steine. Muschelkalk und so. Versteinerte Schnecken, damit wir auch ganz genau wissen, dass diese riesig hohen Alpen ganz früher mal Meeresboden waren und sich im Laufe der Millionen Jahre aufgetürmt haben. Das war schon beeindruckend. Ja. Aber wir wussten das doch schon.
Das kannten wir alles.

Wir also alle, bis auf die Eltern, ziemlich schlecht gelaunt, zogen los, den Berg hinauf. Hinauf, hinauf. Rundum nur Wald. Und ein steiniger, steiler Weg, auf den gnadenlos die Sonne bretterte. Irgendwann gab es nicht mal mehr Bäume. Wir hatten nämlich die Baumgrenze überschritten. Das heißt, wir waren inzwischen so weit oben, dass da nicht mal mehr Bäume wachsen wollten. Im Sommer zu heiß, im Winter zu kalt. Da sagen die auch, „ja, servus, nicht mit uns!". Und WIR müssen da rauf, das muss man sich mal vorstellen! Pfff!

In regelmäßigen, immer kürzer werdenden Abständen fragte eines von uns Geschwistern „ist es noch weit?", worauf notorisch die Antwort von Mutter folgte, „nicht mehr so weit, aber a bisserl dauert es schon noch." Und das „Bisserl" waren dann noch über zwei Stunden. Krass, oder?
Mit hochroten Köpfen saßen wir dann oben auf der Bergspitze. Natürlich keine Spitze in dem Sinn. Wir hatten schon alle ausreichend Platz. Das sieht nur von Weitem immer so aus, als ob die Berge Spitzen hätten. Wenn man dann da ist, sieht man, dass auf so einer Bergspitze viele Leute Platz haben.
Und genau dieses Von-Weitem-und-von-Nahem-Sehen führte an jenem Tag noch zu einer höheren Erkenntnis. Für Wackel und mich auf jeden Fall.

Wenigstens war das Picknick gut. Mutter ließ sich da nicht lumpen. Sie packte immer ausreichend zu trinken und zu essen für uns alle ein: das gute Tritop und Salamisemmeln. Und für jeden einen Apfel. Und den zusammen mit der Salamisemmel. Das war die Rettung. Was so ein Picknick doch ausrichten kann!

Auf einmal konnte ich mich an der Sonne und dem schönen blauen Himmel wieder freuen. Und ehrlich, das muss ich schon zugeben, die Sicht war der Hammer!

Schaut mal, Kinder", sagte Vater, „dort ganz weit hinten seht ihr den Ammersee und noch weiter hinten den Starnbergersee. Und wenn ihr ganz genau schaut, sieht man am Horizont die Stadt München!"

Wahnsinn, ja, München!

Für uns war München unendlich weit weg. Und jetzt, und hier, und heute konnte man es mit bloßem Auge sehen.

„Und wenn ihr an der Horizontlinie entlangschaut nach links, dann seht ihr den Forggensee", sagte Vater.

Ja. Aber hey, die Horizontlinie macht eine komische Wölbung! Ich machte meinen Vater darauf aufmerksam, weil ich mir nicht sicher war, ob mit meinen Augen alles in Ordnung war.
„Ja", sagte Vater, „du siehst schon richtig. An einem Tag wie diesem, an dem die Sicht so klar und weit ist, kann man die Erdkrümmung sehen."
„Was für eine Erdkrümmung?" fragte ich. Wackel und Woffe waren inzwischen auch zu uns gekommen.
„Na, ihr wisst doch, die Erde ist eine Kugel. Und das sieht man heute."

Vater wandte sich inzwischen schon wieder der Picknickdecke zu, auf der unsere Mutter saß. Irgendwie war Mutter für unseren Vater immer die Allerinteressanteste in der Familie. Keine Ahnung, warum. Na ja, ein bisschen schon.

Auf dem Rückweg hatte ich viel zu denken. Wackel schloss nach einer Weile zu mir auf und nahm meine Hand. „So", sagte Wackel, „jetzt wissen wir es. Die Erde ist doch eine Kugel."
„Ja", sagte ich, „kein Wunder, dass wir die Kante nicht gefunden haben."
„...und dass Bergaufgehen so anstrengend ist", ergänzte Wackel. „Wenn einen die Erde wie so ein Magnet ständig wieder runterzieht."
„Ja", sagte ich, „aber die Erde hält uns. Immer."

Und so hat diese unendlich mühsame Wanderung doch noch einen Sinn gehabt. Und ich glaube, nein, ich war mir sicher: Das war der geheime Plan von Papa gewesen.

Zu Hause, nach dem Abendessen, saßen wir dann alle noch um den Wohnzimmertisch. Geredet haben wir kaum etwas, denn wir waren wirklich total platt nach diesem Tag. Papa lehnte sich lässig in den Sessel zurück, blickte zufrieden auf seine Familie und zündetet sich eine Zigarette an. Und wir, Wackel und ich, drückten uns auf dem Sofa tief seufzend in die Arme von Mama. Sie roch so gut. Eben nach Mama. Und sie hielt uns. Für immer.

Genauso wie die Erde.

Wie Barbie mir beinahe den ganzen Tag versaut hätte

Ach ja. Langeweile. Immer wieder diese Langeweile. Langeweile hier, Langeweile da. Es gab so vieles, was mich unendlich langweilte. Regentage zum Beispiel. An diesen öden, schnöden Tagen, wo man nur drinnen spielen konnte und sich mit Freunden traf, denen es genauso langweilig war. Und dann saß man dicht gedrängt bei den Nachbarn auf dem Fernsehsofa, dessen rauer Stoff an den eng zusammengequetschten Oberschenkeln kratzte, und schaute auf diesen blöden Kasten: Kreischen, schrille hohe Stimmen, Hektik.

Ich war das einfach nicht gewohnt. Wir hatten zu Hause keinen Fernseher. Also Popeye, den megastarken Matrosen, der ständig Spinat in sich reinschüttete, fand ich ja lustig. Und den rosaroten Panther auch. „Wer hat an der Uhr gedreht ..." und so. Aber bei Tom und Jerry hörte es schon auf. Die arme Katze, die arme Maus. Ich hatte mit beiden immer furchtbar Mitleid. Was denen alles passierte. Das musste doch schrecklich wehtun. Hier auf den Kopf geknallt, dort in die Luft geschleudert, oh weh. Die Armen.

Ich gehe zu Moni", rief ich den anderen zu, und weg war ich. Ich rannte durch den Regen, rannte unter der Scheunenhochfahrt vom Nachbarsbauern durch, an den Odelfässern vorbei, durch die matschigen Pfützen den Feldweg hinunter, ein Stück an der Hauptstraße entlang und schon war ich da. Bei Moni. Dort gab es keine Glotze.

Moni war so ordentlich. Und ihre Mutter auch. Das gefiel mir irgendwie. Natürlich musste ich meine Gummistiefel ausziehen, klar. Auch die nasse Jacke. Und sogar die Strumpfhose. Na ja, das fand ich ein bisschen viel. Schließlich hatte die Strumpfhose bis auf ein paar Spritzer oberhalb der Gummistiefelkante keinen argen Schmutz abbekommen. Aber immerhin durfte ich eine Ersatzstrumpfhose von Moni anziehen. Die war ganz weich und flauschig. Sowas hatten wir nicht. Moni war halt das einzige Mädchen in der Familie, deshalb wurde sie ein bisschen verwöhnt, glaube ich. Sie hatte auf jeden Fall Sachen, von denen wir nur träumen konnten. Bunte Bonbons in so schnörkeligen Porzellandosen mit goldenem Deckel drauf zum Beispiel. Oder ein kleines Glitzermädchen mit einem süßen Pudelhund, aus keine Ahnung was für einem Material, das am Fensterbrett stand. Und das sich, wenn es regnete, blau färbte. Bei schönem Wetter war es rosa. Was für eine Farbe es heute hatte, brauche ich ja nicht zu erzählen.

Jedenfalls kam ich rein, und nachdem ich mich
unter Moni-Mutters Anweisung umgezogen
hatte, wollte ich hinauf in den ersten Stock.
Da war Monis Zimmer. Moni stand schon
oben an der Treppe und sah zu mir
runter, und ich merkte gleich,
dass sie nicht allzu glücklich
war über meinen
Besuch.

Ich ließ mich davon nicht beirren und ging einfach hoch,
an Moni vorbei ins Zimmer. Öööh, da saß Wackel, meine
Schwester auf dem Boden!
Ach nee! Nie kann man mal jemanden für sich alleine haben.
Immer muss man teilen. Mist! Ich wollte doch so gerne allein
mit Moni spielen. Und dann, ich traute meinen Augen nicht:
Sie spielten BARBIE! NEIN!

Dieses bescheuerte Schühchen anziehen, Schühchen ausziehen, Kleidchen anziehen, Kleidchen ausziehen, neue Kleidchen probieren, Haare kämmen, Frisuren machen, vor dem Spiegel tanzen – wie kann man nur? Barbiepuppen sind das Langweiligste, das Allerlangweiligste überhaupt.
Jetzt. Was tun? Natürlich wollte ich nicht schon wieder abhauen und raus in den Regen.
„Komm, mach mit!", rief Monis Mutter durch die Tür. „Ihr habt doch noch eine Barbie übrig!"
Wackel und Moni gefiel das gar nicht. Wohl oder übel mussten sie mir nun eine Barbie geben. Das war die mit den verdaddelten Haaren und dem abgeplatzten Lippenstift. Super! Es gab strikte Anweisungen: Ich sollte sie wie eine Brautjungfer kleiden. Sie spielten nämlich Hochzeit.
HOCHZEIT! Mannomann!

Aber ich gab mir Mühe. Ich fand in der Barbiekleiderschachtel tatsächlich weiße Schühchen. Und ein Blumenkleid. Das zog ich ihr über den Kopf. Man konnte es sogar aufknöpfen. Und die Gummiarme, die man ja in alle Richtungen biegen konnte, schaffte ich auch noch durch die Armlöcher. In diesem Moment machte es RAAATSCH. Und die Naht an Barbies Hüfte, wo das Kleid besonders eng saß, riss. Kaputt. Das schöne Brautjungfernkleid hin!

Oh nee. Der Blick von Moni war vernichtend. Da wurde es sogar meiner Schwester etwas bammelig.

„Du kannst doch noch den Bräutigam draus machen", meinte sie etwas zaghaft, „wir haben eh keinen Mann für die Hochzeit."
„Waaas!?? Wie soll ich denn jetzt aus der Barbie einen Mann machen? Haare abschneiden, oder was, oder sonst noch was abschneiden, oder wie?", rief ich.

Ich ließ mich nach hinten kippen und robbte rückwärts über den Boden unter den kleinen Resopal-Tisch. Niemand sollte mich mehr sehen, und ich sah auch niemanden mehr. Aber bäh, wie der stank, der Tisch. Nach Resopal eben. Und nach einem extrem scharfen Putzmittel. Genauso der Boden. Linoleum. Alles blitz-blank sauber und hygienisch. Wäh! Ich setzte mich ruckartig wieder auf, BOING, Kopf am Tisch angeschlagen, Porzellanvase drauf umgefallen und ich weg. Nein, vorher noch Barbiefrau oder -mann, egal! mit dem Fuß in den Kleiderhaufen gekickt.

Ich mach's kurz: unten schnell in die Gummistiefel, ein Griff zur Jacke und raus aus dem Haus.

„Bring beim nächsten Mal die Strumpfhose wieder mit", rief mir die völlig verdatterte Moni-Mutter hinterher.

Puuh, jetzt erst mal durchatmen. Es hatte fast aufgehört zu regnen. Die paar Tröpfchen, die noch fielen, fühlten sich gut an in meinem Gesicht. Das beruhigte.

Ich zog die Jacke über und schlenderte die Straße entlang. Auf der anderen Straßenseite gluckerte der aufgewühlte Bach und floss in Richtung Keller-Mühle. Das war eine alte Getreide-Mühle, die nicht mehr in Betrieb war. Aber den Herrn Keller, der die Mühle mal gebaut hatte, gab es noch. Ein strenger, aber freundlicher Mann. Immer wieder zeigte er uns Kindern das Innere der Mühle und erklärte uns ausführlich die komplizierte Konstruktion. Das konnten wir gar nicht oft genug hören und sehen. Aber das nur nebenbei. Ich hatte echt miese Laune. Wie soll der Tag denn jetzt noch weitergehen? War doch schon alles im Eimer.

Woffe! Genau, das war die Lösung. Mein Bruder Woffe. Mit ihm war es nie langweilig. Nie. Das einzige Problem war, dass man meist nicht wusste, wo er gerade war. Das hieß suchen. Und zwar im ganzen Dorf. Er konnte überall sein. Ich schlenderte in Richtung Dorfmitte zur Linde. Vielleicht war da jemand, den ich fragen konnte. Und während ich noch nachdachte, kam Hettle auf seinem klapprigen Fahrrad daher. Hettle, Woffes Freund.
„Hast du Woffe gesehen?", rief ich ihm schon von Weitem entgegen.

Hettle deutete mit dem Finger in Richtung Märzhof und rauschte an mir vorbei. Da war mir schon klar: Woffe war im alten Schweinestall vom Bauern März. Dort trafen sich die beiden ab und zu heimlich. Denn eigentlich durfte man sich dort nicht aufhalten. Viel zu gefährlich. Der Schweinestall war nämlich über eine Jauchegrube gebaut. Keine dumme Idee! Da konnte der Dreck der Schweine gleich ablaufen. Aber mittlerweile war der Schweinestall uralt und nicht mehr in Benutzung. Und die Bretter über der Jauchegrube waren ebenso alt und vor allem morsch. Man musste über so manches Brett drüberspringen, weil es nicht mehr hielt. Wenn man da nämlich einbrach und in der Jauchegrube versank, dann gute Nacht. Das war´s dann. Da kommst du nicht mehr lebend raus.

Trotzdem, Woffe hatte sich in dem alten Schweinestall eine kleine Hütte eingebaut. Und das, obwohl es dort nach wie vor mächtig stank. Aber das musste sein. Hauptsache gefährlich. Woffe liebte die Gefahr.
Da kam ich also an, klopfte höflich an die Tür, öffnete sie und wollte rein.
„Stopp!", schrie Woffe, „nicht auf das erste Brett! Sonst brichst du ein!!" Mein Bruder saß ganz hinten in der Ecke auf einem abgesägten Baumstumpf. Wie ein Lotse dirigierte er mich über

die Bretter. „Hier nicht!" „Jetzt springen!" „Da nur ganz am Rand!" – bis ich bei ihm war.

„Hey Baby!", sagte er, „setz dich", und ich ließ mich auf dem anderen Baumstumpf nieder.

Boah, was für ein Gestank, und die vielen Fliegen! Aber hundert Prozent besser als Putzmittel-Resopal-Linoleum-Duft.

Woffe merkte sofort, dass mit mir was nicht in Ordnung war. Er fragte nicht. Er signalisierte mit einem Kopfnicken, so von unten nach oben, dass ich loslegen konnte. Sein Zuhörknopf war eingeschaltet.

Zuerst erzählte ich ihm von dem stinklangweiligen Fernsehnachmittag auf dem Sofa der Nachbarn. Und dann von der Barbie-Sache. Anfangs zögerte ich ein bisschen. Ich wusste ja, dass er Barbies auch doof fand und fürchtete, dass er sagen würde, „das hättst dir ja denken können, dass die Barbie spielen, Moni kennt doch nichts anderes."

Aber so war es nicht. Als ich ihm die ganze Geschichte erzählt hatte, kam erst mal nichts. Er sah etwas bedrückt zu Boden. Und jetzt merkte ich, dass mit ihm was los war. Da saß er, auf seinem Baumstumpf, so nachdenklich und mit einem Gesichtsausdruck, den ich nicht recht deuten konnte, und ich überlegte, ob ich ihn fragen sollte oder nicht.

Und dann blickte Woffe auf und fing an zu lachen. Er lachte und lachte und konnte gar nicht mehr aufhören.

„Was ist los? Sag's mir!" Ich saß völlig verdattert auf meinem Baumstumpf.

„Ich muss dir was sagen", sagte Woffe, und schon wieder lachte und lachte er. Ich konnte mir überhaupt nicht vorstellen, was das nun werden sollte. Es dauerte, bis es endlich aus ihm herausbrach:

„Ich hab auch eine Barbie, also nicht Barbie, sondern Ken, den Barbie-Mann."

Und jetzt saß ich da, auf meinem Baumstumpf, und wusste nicht, ob die Welt noch in Ordnung war.

„Waaas, du hast einen Ken? Das glaub ich jetzt nicht. Das ist doch nicht wahr!"

„Doch", sagte Woffe, „ich hab mir den Ken gekauft."

„Der ist doch mordsteuer!" sagte ich. Das war das Einzige, was mir noch einfiel.

„Ja, hab echt lange gespart, willst ihn mal sehen?" Ja, irgendwie schon. Irgendwie wollte ich Woffes Ken sehen.

Wir dirigierten uns gegenseitig durch den Stall – hier geht's! – da nicht! –, sprangen über die letzte Schwelle raus aus der Tür und machten uns auf den Weg nach Hause. In seinem Zimmer zog er unter dem Bett eine durchsichtige Plastikpackung raus, auf der ganz groß KEN stand. Weiß auf Pink. Und darin lag er: Ken, athletisch, Mords-Brustkorb, Arm- und Beinmuskeln und mit Leopardenbadehose.

„Pass auf", sagte Woffe, „wenn du seinen Arm anwinkelst, kriegt er richtig große Muskeln." Tatsächlich. Boah. Das war schon beeindruckend. Mannomann. Der Ken!

„Vielleicht sollte er mal rüber gehen zu Moni und die Barbie heiraten", sagte ich, „die brauchen noch einen Bräutigam."

„Nein", sage Woffe, „Ken geht nicht zu Barbie, der hat echt anderes zu tun." Ja, klar. Ken geht da nicht hin, der macht sowas nicht. Zumindest nicht Woffes Ken. Ich nahm Ken in die Hand und probierte noch mal die Muskelsache an den Armen aus. Schon toll! Dann gab ich ihn Woffe zurück, der ihn sorgsam wieder in der Plastikschachtel verstaute.

„Darf ich mir den auch ab und zu rausholen?", fragte ich.

„Ja", sagte Woffe etwas zögerlich, „aber nur, wenn ich dabei bin." Ja, klar.

Und so ist dieser anfangs schrecklich langweilige Tag doch noch gut zu Ende gegangen. Dank Barbie, nein, dank Ken! Oder dank Woffe. Auf jeden Fall gut!

Daniela Kulot ist 1966 zusammen mit ihrer Zwillingsschwester als das vorletzte von fünf Kindern auf die Welt gekommen und in einem kleinen oberbayrischen Dorf zwischen Kuhstall und Schulhaus aufgewachsen. Wenn sie nicht mit ihren Geschwistern draußen unterwegs war, hat sie schon damals in jeder freien Minute gemalt und gezeichnet.

Später studierte sie Grafikdesign an der Hochschule Augsburg und ist seitdem freiberufliche Autorin, Illustratorin und Malerin.

Ihre Bücher wurden in über 30 Sprachen übersetzt.